Beast Quest

LE ROYAUME DES OMBRES

L'HOMME-SCORPION

Cet ouvrage a initialement paru en langue anglaise en 2008
chez Orchard Books sous le titre :
Sting, the Scorpion Man

Mise en page et colorisation : Julie Simoens.

Hachette Livre, 43, quai de Grenelle, 75015 Paris.

Adam Blade

Adapté de l'anglais
par Blandine Longre

L'HOMME-SCORPION

hachette
JEUNESSE

Le Puits
Les Portes de la ville
Le Château de Malvel
La Ville de l'Ouest
La Rivière
La Porte du Lion
Les Marécages

Gorgonia
Le Campement rebelle
de Kaloom
Forêt
pénétrable
Forêt Tropicale
Les Grandes
Vallées
Le Château
en ruine
L'Océan Noir

TOM

Au royaume d'Avantia, Tom est un héros : il a déjà rempli deux missions que lui avaient confiées le sorcier Aduro et le roi Hugo. Il a même vaincu les Bêtes maléfiques de Malvel. Il ne se décourage jamais face au danger ! Avec l'aide de son amie Elena, il a retrouvé l'armure magique d'Avantia : il possède désormais des pouvoirs pour remporter d'autres combats et sauver le royaume !

ELENA

Elena, une jeune orpheline, est devenue la meilleure amie de Tom. Elle le suit dans toutes ses aventures et l'aide à surmonter de nombreux obstacles. Elle a souvent de bonnes idées, surtout lorsqu'ils sont en danger. Aussi courageuse que Tom, elle se montre vraiment douée au tir à l'arc, ce qui est parfois très utile ! Elle ne se sépare jamais de son fidèle compagnon, Silver, un loup qu'elle adore.

ADURO

Aduro, le bon sorcier à la longue barbe blanche, vit au palais du roi Hugo, à Avantia. Il compte beaucoup sur Tom et Elena pour sauver le royaume, car il sait qu'ils sont très courageux. Gentil, généreux et sage, il se sert de ses pouvoirs magiques pour guider Tom dans ses missions, et il lui donne souvent d'excellents conseils pour affronter son ennemi juré, Malvel.

MALVEL

Malvel est un puissant sorcier qui règne sur le royaume des Ombres, Gorgonia. Il terrifie les habitants de son royaume. Son seul but est de détruire Avantia, en se servant de Bêtes maléfiques qu'il a créées et qui lui obéissent aveuglément. Il se moque souvent de Tom pour essayer de le décourager… et quand le garçon se montre plus fort que lui, il devient fou de rage !

Bonjour. Je suis Kerlo, le gardien des Portes qui séparent Avantia et Gorgonia. Malvel, le sorcier maléfique, règne sur le royaume des Ombres, où le ciel est toujours rouge, et l'eau, noire.

C'est ici que Tom et Elena doivent poursuivre leur quête...

Six Bêtes vivent à Gorgonia : Torgor, l'homme-taureau, Skor, le cheval ailé, Narga, le serpent marin, Kaymon, le chien des Ténèbres, Tusk, le Seigneur des éléphants, et Sting, l'homme-scorpion. Elles sont toutes plus terribles les unes que les autres. Tom et Elena ne se doutent pas de ce qui les attend... Même s'ils ont rempli leurs précédentes missions, ça ne signifie pas qu'ils réussiront celle-ci. S'ils ne sont pas assez braves et déterminés, ils échoueront !

Si tu oses suivre une nouvelle fois les aventures de Tom, je te conseille d'être aussi courageux que lui...

Fais très attention à toi...

Kerlo

Après avoir combattu Torgor, l'homme-taureau, Skor, le cheval ailé, Narga, le serpent marin, Kaymon, le chien des Ténèbres, Tom et Elena ont remporté une nouvelle victoire contre la cinquième Bête maléfique créée par Malvel : Tusk, le Seigneur des éléphants. Au cours de leur mission, ils ont aussi réussi à délivrer Ferno, qui a pu rentrer à Avantia.

Il leur faut maintenant partir en quête de la dernière Bête : Sting, l'homme-scorpion qui se cache dans le château de Malvel... De nombreux dangers attendent encore Tom et son amie : vont-ils remplir leur dernière mission et sauver le royaume de Gorgonia ?

TOUT COMMENCE...

La vieille guérisseuse de Gorgonia s'agite dans son sommeil. Elle est en train de faire un rêve étrange.

Dans un tunnel éclairé par des torches, elle aperçoit un jeune homme. Son visage est couvert de sueur et il est armé d'une épée et d'un bouclier en bois.

Soudain, une créature dotée d'immenses pinces qui claquent dans les airs se dresse au-dessus de lui : c'est un scorpion géant !

En voyant le monstre de plus près, la guérisseuse gémit de frayeur : cette Bête a aussi une tête d'homme !

Le garçon fait volte-face et brandit son épée, tandis que la Bête l'attaque.

— Tom ! crie une voix.

La guérisseuse reconnaît Elena, la jeune fille qu'elle a soignée. Celle-ci encoche une flèche à la corde de son arc et la tire sur l'homme-scorpion, mais le trait rebondit sur la carapace de la créature. Le garçon trébuche et le monstre se cabre, prêt à l'attraper entre ses pinces...

La guérisseuse se réveille en sursaut. Elle s'assoit sur son lit, le cœur battant. Soudain, elle aperçoit un petit scorpion sur sa couverture. Elle se lève, sans quitter des yeux le corps luisant de l'insecte. Son cauchemar lui a sauvé la vie : si elle ne s'était pas réveillée à temps, l'animal l'aurait piquée. De nombreux habitants de Gorgonia ont été tués dans leur sommeil par des scorpions venimeux.

La vieille femme sort de la tente. Le visage du garçon qu'elle a vu en rêve est encore clair dans son esprit. Elle sait qu'il s'appelle Tom puisque, dans son sommeil, elle a entendu la jeune Elena crier son nom.

La guérisseuse frissonne. Son cauchemar lui a montré ce qui allait arriver. Ce n'est pas la première fois qu'elle fait un rêve prémonitoire : elle espère que celui-ci ne se réalisera pas.

— Prenez garde à vous, Tom et Elena, murmure-t-elle en regardant le ciel rouge de Gorgonia.

« Les scorpions sont des créatures dangereuses. Mais un scorpion géant doit être invincible », pense-t-elle.

Chapitre un

Danger ou Destinée ?

Le soleil rouge de Gorgonia se lève au-dessus des arbres. Tom et Elena se dirigent vers la lisière de la forêt, accompagnés de leurs deux fidèles amis, Tempête et Silver.

Des vautours sont perchés sur les branches et une brume épaisse recouvre le sol.

Tom examine son bouclier. Pourquoi est-ce que la plume d'aigle offerte par Arcta, le géant des montagnes, ne vibre pas pour indiquer qu'il est en danger ?

— Toujours rien ? interroge Elena.

Le garçon secoue la tête.

— Non. J'ai l'impression qu'Arcta est trop loin pour que le bouclier puisse détecter sa présence.

« Ou bien la Bête est déjà morte », pense-t-il.

Mais il ne dit rien à son amie pour ne pas l'inquiéter.

— La carte nous donnera peut-être des indices, ajoute-t-il en sortant le parchemin de son sac.

— Tu vois quelque chose ? demande Elena.

— Non, rien, constate le garçon, déçu.

— De toute façon, on ne peut pas faire confiance à ce parchemin, puisque c'est Malvel qui nous l'a donné, commente Elena.

— Tu as raison, répond Tom. Je vais plutôt me servir de ma boussole.

L'objet a appartenu à son

père, Taladon l'Agile, qui a disparu quand Tom était un bébé.

Le garçon tient la boussole devant lui et la dirige vers l'ouest. L'aiguille oscille longuement avant de pointer sur « Destinée ».

— Elle indique d'aller vers l'ouest, déclare Tom, qui reprend courage. On va retrouver Arcta ! Et on fera de notre mieux pour le sauver et le ramener à Avantia.

Tempête pousse un hennissement. De son côté, Silver bondit sur le sentier, impatient de repartir. Les quatre compagnons se remettent en marche.

Au bout d'un moment, ils aperçoivent au loin quelqu'un étendu sur le sol.

— Qui est-ce ? demande Elena, la main en visière sur son front pour se protéger de l'éclat du soleil.

Grâce au pouvoir que lui a transmis le casque de l'armure magique, Tom peut voir sur de grandes distances. Il distingue un garçon allongé sur le sol. Plusieurs flèches sont fichées dans son corps, mais il respire encore. Tom sent sa peau se glacer.

— Je le reconnais… c'est Seth, annonce-t-il à son amie. Il est blessé.

Tom et Elena ont déjà combattu Seth, l'un des serviteurs de Malvel.

— Est-ce qu'on va l'aider ? interroge la jeune fille.

Tom hésite, car Seth est son ennemi juré. Que faire ?

Chapitre deux

Une mauvaise surprise

Soudain, Seth laisse échapper un gémissement de douleur qui résonne dans toute la forêt.

Tom décide qu'il ne peut pas abandonner quelqu'un qui souffre, même si cette personne est un ennemi. Suivi d'Elena, il repart en direction du garçon. Bientôt, ils se retrouvent devant un lac noir. Seth est étendu sur la rive. Six flèches sont plantées dans sa poitrine.

Tom s'approche lentement du garçon en tenant Tempête par la bride. Cependant, le cheval refuse d'aller plus loin.

Le loup, le poil hérissé, pousse un grognement.

— Silver lui aussi a senti un danger, constate Elena, inquiète.

— Seth ne peut pas nous faire de mal, la rassure Tom. Il a besoin de nous.

Il prend la griffe de l'oiseau-flamme incrustée dans son bouclier et s'agenouille près du garçon. Doucement, il retire trois flèches de sa poitrine avant de poser la griffe sur chaque blessure. Instantanément, les plaies guérissent.

Seth ouvre les yeux.

— Non ! Laisse-moi tranquille ! s'écrie-t-il, paniqué.

Sans l'écouter, Tom enlève la quatrième flèche et soigne la blessure.

Les yeux de Seth se remplissent de terreur. Il essaie

aussitôt de repousser Tom.

— Ne fais pas ça ! Tu aurais dû m'abandonner ici !

Tom l'ignore et s'empare de la cinquième flèche.

— Non ! le supplie Seth.

— Je crois qu'on devrait respecter le souhait de Seth et le laisser tranquille, propose Elena.

— Mais non, il souffre trop, voilà tout, réplique Tom. Il n'y a plus qu'une flèche...

Il la retire de la poitrine du garçon et la blessure guérit.

À ce moment-là, Seth pousse un hurlement et se met à se tortiller sur le sol. Tom, surpris, bondit en arrière, pendant qu'Elena tente de calmer le cheval et le loup, paniqués.

Quelque chose est en train d'arriver à Seth. Quelque chose d'affreux...

Les jambes du garçon se soudent ensemble et se changent en une queue longue et recourbée. Celle-ci fouette l'air et heurte Tom et Elena, qui sont projetés un peu plus loin.

Seth laisse échapper un cri, tandis que trois pattes surgissent de chaque côté de ses hanches.

— Recule ! conseille Tom à son amie.

Seth se redresse. Ses bras se raidissent et se transforment en énormes pinces !

Tom et Elena n'en croient pas leurs yeux : le corps de Seth ressemble à celui d'un scorpion géant, mais ses épaules et son visage sont restés humains.

— C'est ta faute ! l'accuse Seth, désespéré. Si tu m'avais laissé mourir, je ne me serais pas changé en monstre !

En grondant de rage, la créature ramasse son épée et s'approche de Tom et d'Elena.

Chapitre trois

La nouvelle Bête de Malvel

— Reste où tu es ! ordonne Tom en pointant son épée sur le monstre.

Mais Seth laisse échapper un rire cruel et sa longue queue se dresse derrière lui, prête à s'abattre.

— Tom ! s'écrie Elena. Regarde ça !

Le garçon lève les yeux et remarque une pierre violette et étincelante au bout de la queue de Seth. D'instinct, Tom porte la main à sa ceinture, déjà décorée de cinq autres pierres précieuses. Il comprend alors ce que le garçon est devenu.

— Seth est maintenant une Bête, chuchote-t-il à son amie. La dernière qu'il nous faut vaincre.

Au même moment, la créature se précipite sur Elena et Tom, qui se jettent à terre pour l'éviter. La jeune fille décoche une flèche en direction de la Bête, mais elle rebondit sur sa carapace.

Seth brandit son épée et se jette alors sur Tom. Celui-ci est obligé de se servir du pouvoir transmis par les chausses dorées pour bondir dans les airs et éviter la pointe de la lame, qui le manque de justesse.

Tout à coup, Seth remarque son reflet dans l'eau noire du lac.

— Je suis monstrueux ! s'exclame-t-il, horrifié, en s'effondrant sur la rive.

Tom éprouve de la pitié pour lui, mais il ne sait pas comment il pourrait l'aider.

Soudain, un nuage rouge descend du ciel en tourbillonnant et enveloppe Tom et Elena. Un sorcier vêtu d'une robe violette émerge de la brume.

— Malvel ! s'écrie Tom.

Le sorcier maléfique le salue d'un signe de tête.

— Voici notre jeune héros ! dit-il en souriant d'un air mauvais. Je me doutais que ton bon cœur te mettrait en danger !

Le garçon comprend alors : ce qui est arrivé à Seth fait partie du plan de Malvel... Le sorcier savait que Tom lui porterait secours.

Furieux, Tom se prépare à combattre. D'un geste de la main, Malvel fait apparaître un bouclier de lumière devant Seth et lui. Avec un grondement, Silver se précipite vers le sorcier, mais il se cogne contre le bouclier magique.

— Je t'en supplie, Malvel, sanglote Seth. Transforme-moi de nouveau en être humain !

Le sorcier regarde son serviteur d'un air méprisant.

— Arrête de pleurnicher, rétorque-t-il. Tu ne t'appelles plus Seth, mais Sting, l'homme-scorpion. Je t'ordonne d'aller à la Ville de l'Ouest pour surveiller

Arcta, le géant des montagnes.

Résigné, Sting baisse la tête. Puis Malvel fait surgir entre ses mains une énorme boule de lumière, à l'intérieur de laquelle il emprisonne la Bête. La boule s'élève dans le ciel rouge avant de s'éloigner vers l'ouest.

Tom contemple les montagnes qui se découpent sur l'horizon. Il est certain que la Ville de l'Ouest est située juste derrière.

— Je sais ce que tu as en tête, ricane le sorcier. Tu ne retrouveras jamais Arcta !

À ces mots, Malvel disparaît.

— Il se trompe, déclare Tom. On sauvera Arcta et on le ramènera à Avantia !

Elena hoche la tête d'un air déterminé.

— On arrive, Arcta, murmure Tom en regardant vers l'ouest.

Chapitre quatre

La voix dans le puits

Tom et Elena longent la rive du lac et débouchent sur une vaste plaine.

Le garçon consulte sa carte, mais, c'est étrange, l'image de la Ville de l'Ouest n'arrête pas de changer de place sur le parchemin.

— Cette carte ne nous sert à rien, déclare-t-il. J'espère que la ville se trouve derrière ces montagnes.

Ils se remettent en route en suivant un sentier qui devient plus étroit. Bientôt, il disparaît complètement. Tom et Elena doivent alors se frayer un chemin entre des arbres noirs, sous le soleil brûlant.

Quelques heures plus tard, le garçon distingue des tours rouges au loin.

— Je crois que c'est la Ville de l'Ouest, annonce-t-il en arrêtant son cheval, qui a l'air épuisé.

Tout près, il remarque un puits.

— Allons prendre de l'eau, dit-il en le montrant à Elena.

Les deux amis se penchent au-dessus de la margelle. Malheureusement, le puits est rempli de pierres.

— Je suis désolé, Tempête, s'excuse Tom. On trouvera de l'eau plus loin, je te le promets.

Le cheval hennit doucement et donne un petit coup de nez sur l'épaule de son maître.

— Il y aura peut-être un autre puits près des Portes de la ville, ajoute Elena.

Brusquement, la terre se met à trembler sous leurs pieds. Effrayé, Tempête se cabre, tandis que Silver pousse un grondement.

— Qu'est-ce qui se passe ?

demande la jeune fille, nerveuse.

Tom sent un picotement le long de son bras, auquel est accroché son bouclier. La plume d'Arcta s'est mise à vibrer !

De nouveau, le sol tremble.

— On dirait que ça vient de là, comprend le garçon en se penchant au-dessus du puits. J'entends Arcta qui rugit !

— Qu'est-ce qu'il dit ? interroge Elena.

Grâce au rubis placé sur sa ceinture, Tom communique

par la pensée avec la Bête.

— Il est en colère. Il est piégé sous la Ville de l'Ouest et il a du mal à respirer...

— On doit tout de suite aller l'aider ! déclare Elena, déterminée.

— Descendons dans le puits pour trouver un passage, propose son ami.

— Il faut d'abord enlever ces grosses pierres, répond la jeune fille.

En se servant de la force que lui a donnée le plastron doré, Tom parvient à les soulever, comme si elles étaient aussi légères que des plumes.

Mais les parois du puits recommencent à s'écrouler et bloquent à nouveau l'ouverture.

— On ferait mieux d'aller dans la ville, intervient Elena. Une fois à l'intérieur, je suis certaine qu'on trouvera un passage souterrain pour rejoindre Arcta.

— Tu as raison, acquiesce son ami. En avant !

Chapitre cinq

Le gardien des Portes

— Soyons prudents, conseille Tom à Elena alors qu'ils s'approchent de la ville. On risque de rencontrer des soldats de Malvel.

De hautes murailles rouges se dressent au-dessus d'eux. Des crânes sont incrustés entre les briques, et les remparts sont bordés de piques qui luisent au soleil.

Mais les Portes noires sont fermées.

Silver gronde et Tempête gratte le sol de ses sabots. Tom descend de son cheval à terre et regarde autour de lui avec étonnement.

— Pourquoi est-ce qu'il n'y a pas de gardes ?

— C'est peut-être un piège, murmure Elena, d'un air inquiet.

Soudain, ils aperçoivent un mouvement derrière un arbre. Un homme maigre, appuyé sur un bâton, s'avance vers eux.

Tom le reconnaît tout de suite.

— Kerlo !

— Bonjour ! lance le gardien des Portes d'Avantia et de Gorgonia. Si vous voulez, je peux vous faire entrer dans la ville.

Même si Kerlo les a souvent aidés, Tom se demande encore s'il peut se fier à lui. D'instinct, il porte la main à son épée, tandis qu'Elena encoche une flèche à son arc.

— Je vois que vous ne me faites toujours pas confiance, soupire tristement Kerlo. Je suis pourtant votre allié...

— Pourquoi ? interroge Tom.

— Laissez-moi vous raconter quelque chose, commence Kerlo. Autrefois, j'étais un bon sorcier. J'ai aidé les rebelles à combattre Malvel, mais sa magie était trop puissante. Il m'a alors condamné à devenir le gardien des Portes pour l'éternité... Cela fait des années que je n'ai plus le droit de franchir un seuil. Je ne peux même plus rentrer dans ma propre maison. Pourtant, une maison est comme une pierre précieuse, ajoute le gardien.

— On te remercie pour tout ce que tu as fait pour nous, Kerlo, dit Elena. Est-ce que tu peux nous aider à pénétrer dans la ville ?

— Oui, répond Kerlo. Une fois à l'intérieur, dirigez-vous vers le château de Malvel. Dans la cour, vous trouverez une trappe qui conduit au cimetière souterrain. C'est peut-être là qu'il a caché la Bête que vous cherchez.

Le gardien tend les mains vers les énormes portes de métal et celles-ci s'ouvrent avec fracas. Tom, Elena et leurs compagnons s'introduisent dans la ville. Ils se retrouvent face à trois rues qui partent dans des directions différentes.

— On dirait un labyrinthe, remarque Elena.

— Oui, et je me demande quel chemin choisir... murmure son ami.

Chapitre six

Danger dans la Ville de l'Ouest

Tom se retourne vers Kerlo pour lui demander conseil, mais les Portes se sont déjà refermées et le gardien a disparu.

Le garçon décide alors de consulter sa boussole. Il la dirige vers le chemin de droite, puis sur celui du centre. Chaque fois, l'aiguille pointe sur « Danger ». Lorsqu'il la tend vers celui de gauche, la boussole indique « Destinée ».

— Par ici ! lance le garçon.

Au bout d'un moment, Tom et Elena s'approchent de deux soldats. Plus loin, ils voient une place où sont rassemblés des gens bossus, à l'apparence bizarre.

— Qui va là ? appelle l'un des gardes.

— On est de simples voyageurs, répond Elena. On vient se reposer et trouver de quoi manger.

Tout à coup, l'autre soldat s'écrie :

— Je vous reconnais ! Vous êtes recherchés par Malvel ! J'ai vu vos portraits affichés sur tous les murs !

Tom se sert alors du pouvoir transmis par les chausses dorées pour bondir sur les deux gardes. Il s'empare de leurs têtes et les cogne l'une contre l'autre. Les hommes s'écroulent sur le sol.

— Récupère leurs capes, conseille Elena. Comme ça, on pourra se déguiser.

Chacun d'eux enfile une cape et rabat la capuche pour cacher son visage. Puis les deux amis entrent sur la place du marché.

Les habitants n'ont pas l'air humain. Leurs yeux sont jaunes, leurs dents noires et pointues, leur peau est couverte de cicatrices et leurs doigts ressemblent à des griffes.

Tom et Elena distinguent au loin le château de Malvel. Des éclairs noirs, comme des langues de lézards, zigzaguent au-dessus des tours.

Ils traversent la place en gardant la tête baissée.

— Les habitants sont plutôt

agités, chuchote Elena en voyant plusieurs personnes se disputer.

Sans prévenir, deux hommes commencent à se battre tout près de Tom et de son amie.

— Je t'ai vendu des fourrures de renard ! Donne-moi mon argent ! hurle l'un des marchands.

— De renard ? réplique son adversaire. On dirait plutôt des peaux de chat !

Tom et Elena essaient de s'écarter. Mais, sans faire exprès, l'un des hommes donne un coup de pied à Silver. Le loup pousse un gémissement.

— Silver ! panique la jeune fille en courant vers lui.

Au même instant, sa capuche retombe en arrière. Quelques personnes voient son visage et se mettent à crier :

— Ils viennent d'Avantia. Ils sont recherchés par Malvel !

— Ils nous ont reconnus, lance Tom à son amie. Fuyons !

Chapitre sept

Le château de Malvel

La foule se précipite vers Tom et Elena. Mais grâce à la force transmise par le plastron doré, le garçon réussit à les repousser en fonçant sur eux. Elena en profite pour grimper sur Tempête, qui part au galop derrière Tom en donnant des coups de sabot autour de lui.

Pendant ce temps, Silver mord les mollets de leurs attaquants.

Alors qu'Elena passe près de Tom, celui-ci s'agrippe à la crinière du cheval et se hisse sur son dos.

Ils s'enfuient en direction du château !

En approchant des murailles, Tom se sert de sa vision magique et distingue deux gardes devant les Portes ouvertes.

Elena tire sur les rênes de Tempête pour le guider vers un bosquet d'arbres, derrière lequel ils se réfugient.

— Je vais envoyer mon ombre en éclaireur pour trouver un autre moyen d'entrer.

— Très bonne idée ! répond Elena en mettant pied à terre.

— Va ! ordonne le garçon à son ombre.

Celle-ci se détache de lui et se dirige vers les murailles en rampant sur le sol. Elle se met à palper les murs. Par chance, les soldats ne la remarquent pas.

— Apparemment, elle ne trouve rien, constate Tom.

Tout à coup, à travers les oreilles de son ombre, il entend les gardes discuter :

— Notre tour de garde est terminé, annonce le premier, impatient.

— Mais il faut attendre la relève… proteste le second.

— Pas question. Moi, je m'en vais !

L'un des soldats s'éloigne. Un instant plus tard, l'autre le suit.

Le garçon rappelle son ombre et monte en selle.

— C'est l'occasion d'entrer dans le château ! souffle-t-il

à son amie en lui tendant la main pour l'aider à grimper derrière lui.

Tempête s'élance vers les portes et les franchit. Le château est entièrement construit avec des pierres noires et luisantes, veinées de bandes rouges.

La trappe dont Kerlo leur a parlé est facile à repérer : elle s'étend sur la moitié de la cour.

— Malvel a dû emmener Arcta là-dessous, devine Tom en se dirigeant vers un gros anneau de métal. Essayons de passer par-là.

— Il faut emmener Silver et Tempête avec nous, répond Elena. Ce serait vraiment trop risqué de les laisser ici.

Le garçon s'agenouille, rassemble ses forces et tire sur l'anneau. Grâce au pouvoir du plastron doré, il réussit à soulever la trappe.

Des marches de pierre descendent dans l'obscurité.

— Je vais l'ouvrir un peu plus pour qu'on puisse se glisser dessous, explique-t-il à son amie.

Une fois que Tom y parvient, Elena, Tempête et Silver se faufilent dans l'escalier, suivis du garçon.

Mais la trappe bascule vers l'arrière avec fracas. Les deux amis entendent des cris d'alerte !

— Les gardes arrivent ! s'exclame Tom.

Chapitre huit

Les tombes

De toutes ses forces, Tom tire sur les deux cordes qui retiennent la trappe : elle se referme en grinçant. Elena, Silver, Tempête et le garçon restent tapis dans l'escalier.

Au-dessus de leurs têtes, plusieurs gardes envahissent la cour. Leurs voix étouffées parviennent à leurs oreilles.

— Tu as entendu ce bruit ? s'étonne un soldat. J'ai cru que le château s'effondrait.

— On aurait dit que ça venait de la trappe, déclare un deuxième.

Tom retient son souffle. Pourvu qu'ils ne découvrent pas leur cachette...

— Il est impossible d'ouvrir cette trappe ! se moque un troisième soldat. Il faudrait plusieurs hommes et de puissants chevaux pour la soulever. Le bruit venait sûrement de la Bête enfermée dans les souterrains.

Rassurés, les gardes s'éloignent enfin.

— Vite, partons à la recherche d'Arcta ! s'exclame Tom.

Arrivés en bas de l'escalier, ils se mettent à courir dans un tunnel étroit, éclairé par des torches. Tom aperçoit des sarcophages alignés à l'intérieur des parois.

Il ne peut pas s'empêcher de lire les noms inscrits sur les tombes : Memnon, Arantis, Crestar, Xeropes... Taladon.

Le garçon s'arrête, la gorge serrée. « Est-ce que mon père est enterré ici ? » se demande-t-il.

Elena se tourne vers lui.

— Qu'est-ce qui se passe, Tom ?

— Il faut que j'ouvre ce sarcophage, répond son ami, déterminé, en dégainant son épée.

— On n'a pas le temps, proteste la jeune fille. Arcta a besoin de nous !

Mais Tom ne l'écoute pas. Il glisse la pointe de son arme sous le couvercle de la tombe et le soulève. Il regarde à l'intérieur du sarcophage : il est vide !

Soudain, le rubis placé dans sa ceinture se met à briller et Tom entend la voix d'Arcta : par la pensée, la Bête lui explique qu'elle a l'impression d'étouffer...

Tout à coup, le garçon comprend : le géant des

montagnes doit sûrement être enfermé dans un des sarcophages !

— Arcta est en danger ! lance-t-il à Elena. Je pars le premier.

— D'accord, approuve Elena. On te rejoindra aussi vite que possible.

Tom se faufile dans le tunnel en se servant du pouvoir des jambières dorées qui lui permet de courir à toute allure. Il débouche dans une caverne, au centre de laquelle se dresse un énorme sarcophage. Un nom est gravé sur la pierre : Arcta.

Avec son épée, le garçon se met à frapper le couvercle de la tombe, mais celui-ci résiste à ses coups. Comment faire ?

Il remarque une corniche. Pour l'atteindre, il saute dans les airs et atterrit au-dessus du sarcophage. Il parvient alors à glisser sa lame sous le couvercle, qui se soulève lentement.

À l'intérieur, Tom voit Arcta qui est étendu, immobile. La Bête respire difficilement et deux grosses chaînes d'argent la retiennent prisonnière.

Après avoir sauté sur le rebord de la tombe, le garçon brandit son épée pour les briser, mais sa lame rebondit sur le métal.

« Ces chaînes doivent être magiques », pense-t-il, désespéré.

À ce moment-là, Elena, Tempête et Silver entrent précipitamment dans la caverne.

— Je n'y arrive pas, avoue Tom à son amie.

— Tu vas réussir ! Sers-toi du pouvoir de la cotte de

mailles dorée pour te donner du courage ! conseille la jeune fille.

De nouveau, le garçon lève son épée, ferme les yeux et sent la magie de l'armure vibrer en lui. Avec un cri, il fait retomber la lame et brise l'une des chaînes !

Il s'apprête à briser la seconde, quand soudain, une horrible queue noire surgit d'un mur...

Sting !

Chapitre neuf

Piégés !

Le reste du corps de l'homme-scorpion sort de la paroi. La Bête fixe Tom et s'avance dans sa direction. Puis elle lève ses pinces et les fait claquer. Le bruit sinistre résonne dans tout le souterrain.

— Je suis un monstre par ta faute, et je vais enfin pouvoir

me venger ! crie la Bête.

Tom fait un saut périlleux dans les airs et atterrit sur le dos de Sting, qui pousse un rugissement pendant que sa queue essaie de fouetter le garçon. Celui-ci perd l'équilibre et bascule vers le sol. Aussitôt, il s'empare de son bouclier pour se protéger.

— Par ici, Sting ! appelle Elena pour détourner son attention.

— Laisse-nous ! s'exclame la Bête. Ce n'est pas ton combat.

— Si tu attaques Tom, c'est aussi mon combat ! réplique la jeune fille en tirant une flèche sur la créature.

Mais le trait rebondit sur sa carapace.

Tom se relève pour défendre son amie, tandis que Silver se précipite sur Sting pour le mordre. Tempête lui aussi se rue vers la Bête et lui flanque des coups de sabot.

Tom entend des bruits dans le sarcophage : Arcta tente de se libérer de la seconde chaîne. « Il reprend des forces ! » pense le garçon.

Mais il doit d'abord s'occuper de Sting.

Elena tire de nouveau : cette fois, sa flèche se fiche dans le cou de la Bête. Celle-ci tente d'arracher le trait en poussant un hurlement. Tom en profite pour charger, l'épée à la main.

D'un bond, il évite de justesse la queue de l'homme-scorpion. Mais la pierre précieuse lui griffe le visage.

Le garçon, furieux, fait tournoyer son arme et lui tranche le bout de la queue !

Sting hurle de douleur,

pendant que le bijou violet roule vers Elena. Elle se dépêche de le ramasser !

Au même instant, un grand fracas retentit dans le sarcophage.

— Arcta ! Tu as réussi à te libérer ! s'écrie Tom avec joie en voyant le géant des montagnes se redresser.

La Bête pousse un rugissement terrible qui fait trembler les parois de la caverne. Des morceaux de roche se mettent à tomber du plafond.

Sting recule en grondant, puis s'enfuit en direction du tunnel.

— Sortons d'ici avant que tout s'écroule ! conseille Tom à Elena.

Il bondit sur le dos de Tempête, et son amie grimpe derrière lui. Le cheval s'élance au galop dans le tunnel, suivi de Silver et d'Arcta qui marche d'un pas lourd.

Tom parvient à guider son cheval entre les pierres qui s'écrasent autour d'eux. Ils doivent absolument atteindre la trappe avant que Sting ait le temps de sortir et de les rattraper !

Tout à coup, ils distinguent au loin l'homme-scorpion qui court dans l'escalier. La Bête soulève la trappe, quitte le souterrain et referme la trappe derrière elle.

Arcta, Tom, Elena, Tempête

et Silver se retrouvent soudain plongés dans l'obscurité…

Chapitre dix

La brume violette

Tom entend alors Sting qui ordonne aux gardes de bloquer la trappe avec des clous magiques.

— Je vais essayer de l'ouvrir ! déclare le garçon.

Il pousse de toutes ses forces sur le bois, mais même avec le pouvoir du plastron doré, il n'y arrive pas.

En rugissant, Arcta s'élance dans l'escalier et rejoint Tom pour l'aider.

— Dépêchez-vous ! lance Elena. Le souterrain va s'écrouler d'une seconde à l'autre !

— La trappe ne bouge pas ! se décourage Tom. Malvel a dû l'ensorceler.

— Il doit y avoir une autre issue, murmure Elena d'une voix tremblante.

Le sol vibre sous leurs pieds. Tout risque de s'effondrer… Tom aimerait tant être de retour chez lui, à Avantia.

Tout à coup, il se souvient des paroles de Kerlo : « Une maison est comme une pierre précieuse. »

Le gardien a-t-il voulu lui donner un indice ?

— Est-ce que tu as gardé la pierre précieuse de Sting ? demande-t-il à Elena.

La jeune fille sort la pierre violette de sa poche. Tom la prend et la tend devant lui, contre le mur de pierre. Une lumière jaillit du bijou. Aussitôt, le garçon sent sa main bouger toute seule et dessiner les contours d'une porte dans la paroi rocheuse !

Pendant ce temps, ils ont l'impression que le château s'écroule lentement au-dessus d'eux. « Probablement parce que les fondations se sont effondrées », pense Elena.

La porte s'ouvre sur une brume violette.

— Tu crois que ce passage conduit à Avantia ? interroge la jeune fille.

— Je l'espère…

Suivis de Tempête, de Silver et d'Arcta, Tom et son amie franchissent la Porte magique. Des lumières brillent tout autour d'eux. Ils entendent Kerlo murmurer :

— Au revoir, Tom et Elena…

Le garçon est sur le point de remercier le gardien, lorsque la voix furieuse de Malvel s'exclame :

— Vous me reverrez ! Et vous le regretterez !

Au même instant, Tom entend le sorcier pousser un cri de frayeur, tandis que le plafond s'écroule sur lui.

Arcta se met alors à tournoyer et disparaît brusquement, pendant que Tom,

Elena, Tempête et Silver atterrissent dans la salle du trône du roi Hugo.

— Bienvenue à Avantia, les salue Aduro. Je savais que vous alliez rentrer victorieux ! Félicitations ! Je crois que le sorcier maléfique a été écrasé sous les débris de son château.

Une vague de soulagement envahit Tom. Mais tout à coup, il s'inquiète :

— Où est passé Arcta ?

— Il est retourné dans ses montagnes, le rassure le roi Hugo en se levant de son trône. Bravo, Tom, tu es le plus grand héros d'Avantia !

Après avoir remercié Elena, le roi annonce :

— J'organise une grande fête en votre honneur ! Tout le royaume est impatient de célébrer votre retour.

Un serviteur vient poser une couverture sur le dos de Tempête avant de l'emmener aux écuries. Pendant ce temps, Tom place la pierre violette sur sa ceinture : les six pierres réunies illuminent la salle d'un arc-en-ciel !

Le roi Hugo et le bon sorcier conduisent Tom et ses amis dans la grande salle du palais, où le banquet les attend.

Tom pense à Malvel et à Seth, le garçon transformé en Bête. Que leur est-il réellement arrivé ? Sont-ils morts dans le château en ruine ? Puis il se souvient d'Odora et des autres rebelles qui se sont réfugiés à Avantia : où sont-ils, maintenant ?

Il chasse ces questions de son esprit et se tourne vers Elena, assise à côté de lui.

— Sans toi, je n'aurais jamais pu remplir ma mission, dit-il pour la remercier.

— De rien ! répond-elle joyeusement. Mais... pourquoi as-tu l'air aussi sombre ? On est enfin débarrassés de Malvel !

Tom fait un grand sourire à son amie... même s'il sait que Malvel est peut-être encore en vie. Seul le temps le dira...

Fin

Viens jouer avec nous !
Sur Jedessine.com
Des jeux, des vidéos, des concours...
Rencontre de nouveaux amis tous les jours !
Reçois des commentaires des autres membres de Jedessine !
WWW.JEDESSINE.COM
Le site des enfants qui aiment s'amuser en toute sécurité
© 2011 Jedessine

Tom et Elena se sont enfin débarrassés de Malvel ! Toutefois, ils doivent conjurer le sort que le sorcier maléfique a lancé avant de disparaître... au père de Tom ! Une nouvelle quête attend les deux amis au Royaume Interdit, peuplé de Bêtes terrifiantes. Ils vont devoir combattre six montres afin de récupérer l'Amulette Magique qui permettra de ramener Taladon l'Agile dans le monde des vivants...

Découvre la suite des aventures
de Tom dans le tome 23
de **Beast Quest** :

LA CRÉATURE MALÉFIQUE

Pour savoir quand tu pourras le lire, fonce sur le site
www.bibliotheque-verte.com

Plonge-toi dans les aventures de Tom à Avantia !

LE DRAGON DE FEU

LE SERPENT DE MER

LE GÉANT DES MONTAGNES

L'HOMME-CHEVAL

LE MONSTRE DES NEIGES

L'OISEAU-FLAMME

LES DRAGONS JUMEAUX

LES DRAGONS ENNEMIS

LE MONSTRE MARIN

LE SINGE GÉANT

L'ENSORCELEUSE

L'HOMME-SERPENT

LE MAÎTRE DES ARAIGNÉES

LE LION À TROIS TÊTES

L'HOMME-TAUREAU

LE CHEVAL AILÉ

LE SERPENT MARIN

LE CHIEN DES TÉNÈBRES

LE SEIGNEUR DES ÉLÉPHANTS

AVENTURES SUR MESURE

LE CHAUDRON MAGIQUE

LE POIGNARD MAGIQUE

Table

« Pour l'éditeur, le principe est d'utiliser des papiers composés de fibres naturelles, renouvelables, recyclables et fabriquées à partir de bois issus de forêts qui adoptent un système d'aménagement durable. En outre, l'éditeur attend de ses fournisseurs de papier qu'ils s'inscrivent dans une démarche de certification environnementale reconnue. »

Imprimé en Espagne par CAYFOSA
Dépôt légal : septembre 2012
Achevé d'imprimer : septembre 2012
20.2640.9/01 – ISBN 978-2-01-202640-7
Loi n° 49-956 du 16 juillet 1949
sur les publications destinées à la jeunesse